Fett verbrennen am Bauch

Schnell abnehmen am Bauch, Bauchfett verlieren und schlank bleiben

Inhaltsverzeichnis

Vorweg einmal...

Du willst du lästigen Feiertagspfunde loswerden?

Dann hast du nach dem richtigen Buch gegriffen. Mit diesem Buch wirst du all die nötigen Informationen erfahren, die du benötigst, um einen lang ertragenen und erbitterten Feind endlich loszuwerden – das berüchtigte Bauchfett.

Bauchfett oder korrekt bezeichnet, abdominale Fettablagerungen, kommen häufiger vor, als du denkst. Ob du bei den Festessen der letzten Weihnachtsfeiertage über die Stränge geschlagen hast, ob du dich nicht direkt nach der Schwangerschaft ins Fitnesstudio quälen wolltest oder ob die Pölsterchen vielleicht sogar schon heimlich still und leise seit einigen Jahren an deiner Hüfte sitzen – mehr als die Hälfte der Weltbevölkerung hat genau das gleiche Problem damit wie du. Denn bringen wir es auf den Punkt: fast niemand mag seinen Hüftspeck!

Jedes Kapitel von "Fett verbrennen am Bauch" ist einzig und allein darauf ausgerichtet, dir bei der Reduzierung deines Bauchfetts zu helfen und die unangenehmen Speckröllchen in einen straffen Bauch zu verwandeln.

Bist du bereit, dich in nur wenigen Minuten von deinem Bauchfett zu verabschieden? Dann lass uns direkt damit beginnen!

In diesem praxiserprobten Ratgeber erfährst du innerhalb von 30 Minuten, :

- Warum sich Fett am Bauch überhaupt bildet
- Welche Lebensmittel dein Bauchfett zum schmelzen bringen
- Mit was für einem einfachen "Zaubergetränk" aus deiner Küche, die Pfunde purzeln

Einleitung

Zuallererst: vielen Dank, dass du das eBook „Fett verbrennen am Bauch“ heruntergeladen hast.

Deine Entscheidung für dieses eBook ist eine Kampfansage. Denn mit seiner Hilfe wirst du all die nötigen Informationen erfahren, die du benötigst, um einen lang ertragenen und erbitterten Feind endlich loszuwerden – das berüchtigte Bauchfett.

In den meisten Fällen empfindet man überschüssiges Bauchfett weder als attraktiv noch als wünschenswert. Stattdessen sehen viele Menschen die Polster als einen unschönen Störfaktor, der hinter weite Klamotten versteckt gehört. Hast du dieselbe Meinung über deinen Körper, weißt aber nicht mehr, was du dagegen tun sollst? Hast du bereits jede dir bekannte Methode gegen Bauchfett versucht und keinen Erfolg gehabt? Keine Sorge, dank diesem eBook hat das nun alles ein Ende. Heute ist der erste Tag in deinem neuen Leben!

Jedes Kapitel von “Fett verbrennen am Bauch” ist einzig und allein darauf ausgerichtet, dir bei der Reduzierung deines Bauchfetts zu helfen und die unangenehmen Speckröllchen in einen straffen Bauch zu verwandeln. Diese abenteuerliche Reise beginnt im ersten Kapitel mit einem genaueren Blick auf das Entstehen von Bauchfett. Der darauffolgende Teil wird dich lehren, wie du mit Hilfe einer cleveren und effektiven Ernährung den Kampf gegen dein Bauchfett gewinnen kannst.

In Kapitel 3 erhältst du einen Trainingsplan, der auf die Problemzonen rund um deinen Bauch ausgerichtet ist und diese Zonen in weniger als einem Monat definieren und straffen wird! Dabei lernst du einfache Übungen kennen, die du überall praktizieren kannst. Diese kannst du sogar unterschiedlich kombinieren und so ein abgerundetes Training mit verschiedenen Schwierigkeitsgraden gestalten.

Im nächsten Kapitel wirst du herausfinden, inwieweit dir Mutter Natur bei deinem Kampf gegen übermäßige Kilos helfen kann. Die Wundermittelchen reichen dabei von Massageölen aus Oliven und Mandeln, Zimt und Sandelholz bishin zu pflanzlichen Helfern wie der Aloe Vera. Die bescheidene, aber kraftvolle Zitrone darfst du ebenso nicht vergessen. Das Beste daran: all diese Mittel lassen das Bauchfett schmelzen und dafür musst du nicht einmal deine Küche verlassen!

Zum Schluss klärt dich das letzte Kapitel über kosmetische Anwendungen für all jene auf, die ihren Bauch auf eine schnellere und aggressivere Weise straffen möchten. Dabei erfährst du wichtige Informationen über Behandlungen mit Lasertherapie sowie über traditionelle chirurgische Eingriffe zur Reduzierung von Bauchfett.

Bist du bereit, dich in nur wenigen Minuten von deinem Bauchfett zu verabschieden? Dann lass uns direkt damit beginnen!

Kapitel 1:

Bauchfett näher beleuchtet

In der heutigen Zeit ist Bauchfett ein alltäglicher Anblick, dennoch gehört es zu den schwierigsten Prüfungen der modernen Körperkultur. Um die überschüssigen Fettablagerungen loszuwerden, versuchen wir alles: von überteuerten Mode-Diäten, über extravagante Trainingsprogramme bis hin zu sogenannten „revolutionären" Abnehmpillen. Und um es gleich vorweg zu nehmen: Weder die zahllosen Diäten in Zeitschriften und Internetseiten, noch Trainingsprogramme oder Abnehmpillen können irgendwas bewirken. Sie versagen und richten nicht selten sogar Schaden an. Sie kosten viel Geld, Zeit und Nerven und am Problem des Bauchspecks ändert sich leider überhaupt nichts. Denn alle die Diäten und Trainingsprogramme gehen von falschen Voraussetzungen aus, weil Sie nicht wirklich wissen, wie der Körper arbeitet, wie und warum er Bauchfett erzeugt und wann er damit beginnt, es wieder abzubauen.

Dabei ist es gar nicht so schwer, die Fettpolster am Bauch endlich zum Schmelzen zu bringen, wenn Du weißt, wie es gemacht wird und Du das richtige Know How hast. Gut, es braucht etwas Ausdauer und Geduld und es ist nicht in einer Woche erledigt. Aber Bauchfett abzubauen ist wirklich keine Zauberei und jeder, der sein Bauchfett loswerden will, kann dies tun.

Bevor du jedoch verstehen kannst, wie man Bauchfett zum Schmelzen bringen kann, musst du zuvor mehr über den komplizierten Charakter dieser Fettpölsterchen lernen. Der optische Aspekt dieser Fetteinlagerungen rund um deine Bauchregion hängt nämlich zu einem großen Teil von deinem Körperbau ab. Auch wenn wir alle in unseren physischen Eigenschaften unterschiedlich gebaut sind, lassen sich unsere Körperformen dennoch, je nach dem eingelagerten Fett, in unterschiedliche Gruppen einteilen. Zwei der bekanntesten davon sind der Figurtyp des Apfels und der Figurtyp der Birne. Diese beiden Figurtypen beeinflussen nämlich maßgeblich, in welchen Körperregionen Du Fettpolster ansetzt, wenn es zu einer Gewichtszunahme kommt. Und je nachdem, zu welchem Figurtyp Du gehörst, bist Du vom Bauchfettproblem auf unterschiedliche Weise betroffen.

Menschen, die einen Körper mit der Form eines Apfels besitzen, beschweren sich häufig über

Gewichtszunahme an ihren Armen, ihrer Brust und in der Körpermitte rund um den Bauch. Ihre Hüften und Beine sind dagegen relativ schmal gebaut. Bei der Körperform der Birne ist hingegen genau das Gegenteil der Fall. Menschen mit dieser Figur nehmen für gewöhnlich vor allem in der unteren Körperregion rund um den Unterbauch, die Hüften, die Oberschenkel und das Gesäß zu. Vertreter beider Formen können dir allerdings mit Sicherheit bestätigen, dass sich überschüssiges Fett immer am schnellsten in der Bauchregion ansammelt! Lass uns deshalb einen Blick auf die Hauptgründe für die Entstehung dieses lästigen Bauchfetts werfen.

1.1. Wie entsteht Bauchfett?

Bevor wir uns in den folgenden Kapiteln damit befassen, wie wir Dein Bauchfett erfolgreich zum Verschwinden bringen können, wollen wir uns jetzt erst einmal ansehen, was es mit dem Bauchfett eigentlich genau auf sich hat. Wie entsteht es? Warum entsteht es? Ist es rein erblich bedingt, ob jemand Bauchfett ansetzt, oder hängt es eher mit der Ernährung zusammen? Alles Fragen, auf die wir eine Antwort finden wollen, damit Du das nötige

Grundlagenwissen hast, um dein Bauchfett effektiv bekämpfen zu können.

1.2 Es liegt dir in den Genen!

Um es gleich vorweg zu nehmen: Es gibt tatsächlich eine genetische Ursache für Bauchfett. Die Erbanlagen spielen tatsächlich eine wichtige Rolle. Es gibt Menschen, die von Haus kaum dazu neigen, Bauchfett zu bilden, während es bei anderen sehr schnell zum Bauchansatz kommt.

Wenn du dich fragst, bei wem du dich für deinen schwabbeligen Bauch und die schlaffen Oberschenkel bedanken darfst, so solltest du bei deiner Familie beginnen! Zahlreiche wissenschaftliche Studien haben ergeben, dass die genetischen Anlagen eine erhebliche Rolle bei der Gestaltung der physischen Identität einer Person haben – sie bestimmen deine Augenfarbe, deine Körpergröße und Körperform und sie legen sogar fest, wie Fett rund um deinen Oberkörper eingelagert wird.

Solltest du also zu jenen Menschen gehören, die sehr leicht am Bauch, dem Gesäß und den Oberschenkeln zunehmen, so ist die Wahrscheinlichkeit hoch, dass deine Mutter oder

Großmutter bereits am gleichen Problem gelitten haben!

Leider ist die erbliche Veranlagung etwas, was Du nicht beeinflussen kannst. Wenn Du also das Bauchspeckgen hast, und einfach eine biologische Veranlagung da ist, dann musst Du akzeptieren, dass Du eine Veranlagung dazu hast, Bauchfett zu bilden. Das heißt aber nicht, dass Du nicht trotzdem etwas dagegen tun kannst. Auch wenn Du eine genetische Veranlagung hast, Bauchfett zu bilden, so kannst Du trotzdem gezielt darauf hinwirken, dass diese Veranlagung nicht zum Tragen kommt.

1.3. Schwacher Stoffwechsel

Wie schon bei allen anderen Belangen unseres Körpers sind unsere Gene also zu einem großen Teil für unsere Statur und unser Aussehen verantwortlich. Ebenso entscheiden sie über die Leistungsfähigkeit unserer Körperfunktionen und damit auch über den Stoffwechsel.

Beim Stoffwechsel wird das aufgenommene Essen in seine Einzelteile aufgespaltet und in Energie umgewandelt, die unser Körper benötigt. Wahrscheinlich hast Du auch bereits gemerkt, dass der Stoffwechsel nicht bei allen Menschen gleich arbeitet. Ist Dir schon einmal aufgefallen, dass es Menschen gibt, die Unmengen esse können und dabei trotzdem nicht dick werden? Vielleicht hast Du selbst in Deinem Freundeskreis oder in der Familie jemanden, der vom Schnitzel mit Pommes über Sahnetorten und Schokolade bis hin zu Pizza und Hamburgern einfach alles essen kann, ohne dabei auch nur im geringsten dicker zu werden? Während Du schon vom bloßen Gedanken an etwas leckeres zunimmst? Jeder Mensch hat seinen eigenen Stoffwechsel. Während der Stoffwechsel bei manchen Leuten aufgenommene Nahrung praktisch sofort verbrennt und in Energie umsetzt, haben andere einen Stoffwechsel, der mit der aufgenommenen Nahrung sehr sparsam wirtschaftet und versucht, soviel wie möglich davon in Fettpolster für schlechte Zeiten umzuwandeln. Noch vor gut hundert Jahren konnte das durchaus sinnvoll sein, weil der Körper sich so vor Hungerperioden geschützt hat und Essen nicht 24 Stunden am Tag verfügbar war. In unserer heutigen Überflussgesellschaft haben Menschen mit so einem Stoffwechsel natürlich ein Problem.

Neben den Genen wird unser Stoffwechsel auch durch äußere Bedingungen beeinflusst. Wie viel Sport du treibst, dein Essverhalten etc. – all das fließt mit ein. Zudem kann ein langsamer Stoffwechsel auch durch gesundheitliche Probleme hervorgerufen werden, wie beispielsweise bei Schilddrüsenerkrankungen oder Diabetes. In solchen Fällen nimmst du Gewicht zu, obwohl du dich aktiv bewegst und aus einer schlanken Familie stammst. Kennst du das Phänomen, viel Sport zu treiben und sich gesund zu ernähren und dennoch den Fettpolstern rund um den Bauch beim Wachsen zuzuschauen? Dann denk einmal darüber nach, deine Stoffwechselrate überprüfen zu lassen, denn das könnte die Ursache für deine wirkungslosen Bemühungen sein.

Im Grunde basiert alles auf einer einfachen Gleichung: je schneller dein Stoffwechsel arbeitet, umso schneller verlierst du all die unerwünschten Kilos, die es sich an deiner Hüfte gemütlich gemacht haben.

Tipp: Manche Lebensmittel und Gewürze kurbeln den Stoffwechsel an und erhöhen Deinen Energieverbrauch: Magst Du Chili? Die scharfe Schote kann einem die Tränen in die Augen treiben, wenn man mit der Dosierung zu großzügig ist. Das liegt am Capsaicin, das im Chili enthalten ist und für die Schärfe sorgt. Erfreulicherweise erhöht das Capsaicin auch die

Wärmeproduktion im Körper. Es fühlt sich also nicht nur so an, als ob Dir nach dem Genuss eines mit viel Chili gewürzten Essens warm wird – Dein Körper erzeugt tatsächlich mehr Hitze als im Normalzustand ohne Chili. Und zwar bis zu 25%. Der Körper versucht die überschüssige Hitze durch Schwitzen wieder loszuwerden. Der ganze Vorgang verbraucht reichlich Energie und hält bis zu einer halben Stunde nach dem Genuss des Essens an.

Capsaicin hat noch mehr positive Wirkungen aus den Stoffwechsel: Es regt die Durchblutung von Verdauungsorganen und Schleimhäuten an. Es tötet schädliche Bakterien und wirkt entzündungshemmend auf Dünndarm und Magenschleimhaut.

Fülle Dein Gewürzregal mit reichlich Chili. Chili ist ein echter Schlankmacher. Setz Chili so häufig wie möglich ein. Du gewöhnst Dich dann an die Schärfe. Bitte übertreibe am Anfang die Dosierung nicht, sonst kann es zu Übelkeit oder einer gereizten Magenschleimhaut kommen. Starte mit einer geringen Dosierung und arbeite Dich dann langsam in schärfere Regionen vor. Das Tolle: Auch wenn Deine Geschmacksknospen sich längst an das Chili gewöhnt haben und Dir die Schärfe nichts mehr ausmacht – die fettverbrennende Wirkung durch den angekurbelten Stoffwechsel bleibt bestehen.

Noch ein Tipp: Wenn Du mal aus Versehen zu viel Chili erwischt hast, dann lösche den Brand auf der Zunge auf gar keinen Fall mit Wasser. Wasser verteilt das Chili nur gleichmäßiger in der Mundhöhle und sorgt dafür, dass es noch mehr brennt als zuvor. Iss lieber etwas Reis oder Toastbrot. Auch etwas Fettiges kann helfen.

1.4. Stress + Sorgen = Fett

Machst du in letzter Zeit eine stressige Phase durch? Stehst du kurz vor einer wichtigen Prüfung oder findet in deiner Firma gerade Stellenabbau statt? Hast Du Probleme in Deiner Beziehung, die Dich ständig unter Stress setzen? Wenn dem so ist, hast du sicher gemerkt, dass in solchen Phasen die Hosen bereits enger werden, wenn du verlockende Snacks nur ansiehst. Unter Stresseinwirkung nimmt man gnadenlos schnell zu, vor allem in der Bauchregion. Ein Schuldiger für diese Situation ist schnell gefunden: das Hormon Cortisol.

Cortisol wird von deinem Körper als Antwort auf Stresssignale ausgeschüttet. Das Problem dabei ist, dass die Freisetzung von Cortisol kurioserweise zu ungewöhnlich hoher Gewichtszunahme führt, da es Fett im Körper einlagert anstatt es zu zerlegen und abzubauen. Umso länger du also in einem gestressten und besorgten Zustand bist, desto mehr Cortisol wird in deinem Körper ausgeschüttet. Das wiederum erschwert es dir ungemein, das ungeliebte Fett rund um deinen Bauch loszuwerden. Cortisol hat noch weitere negative Eigenschaften: Es fördert Entzündungsreaktionen, es beeinflusst den Blutzuckerspiegel negativ und fördert so die Entstehung von Diabetes und Bluthochdruck und es lässt Dich schneller altern. Alles sehr unschöne Effekte, Dabei wird Cortisol keineswegs nur unter Dauerstress ausgeschüttet. Auch andere Belastungen lassen den Cortisolspiegel im Körper ansteigen: Schlafmangel und langes nächtliches Fernsehen beispielsweise. Du solltest also alles erdenkliche dafür tun, um deine Stressbelastung zu verringern und für ausreichend Schlaf und körperliche Bewegung sorgen, wenn Du ernsthaft deinen Cortisolspiegel im Körper auf ein normales Maß senken willst.

1.5. Eine schlechte Körperhaltung hat Nachteile!

Es klingt komisch, aber auch Deine Körperhaltung übt einen gewissen Einfluss darauf aus, wo an Deinem Körper sich Fettpolster bilden. Die Art und Weise, wie sich Fetteinlagerungen an deinem Körper gestalten, hängt zu einem großen Teil von deiner Körperhaltung ab. Lässt du im Stehen deine Schultern hängen oder sitzt du gern in gekrümmter Position, so ist es sehr wahrscheinlich, dass sich überschüssiges Körperfett in deiner Bauchregion in Form eines kleinen Fettbäuchleins ansetzt.

Tatsächlich ist krummes Sitzen sogar ein signifikanter Grund für Fettpolster am Bauch, selbst wenn der Rest deiner Figur gertenschlank ist. Je länger du die Angewohnheit einer schlechten Körperhaltung , hast, desto hartnäckiger und stärker sichtbar sind Fetteinlagerungen . Das erschwert den Abbau natürlich. Das Korrigieren deiner Körperhaltung kann daher helfen, das Bauchfett zu definieren und auf den Rest deines Körpers zu verlagern. Achte hierfür auf einen stets geraden Rücken, eine gestreckte Haltung beim Stehen und eine aufrechte Position beim Sitzen.

1.6. Faulheit führt zum Fettbauch

Übergewicht hat etwas mit einem Ungleichgewicht zwischen Energieaufnahme und Energieverbrauch zu tun. Wenn Du jede körperliche Bewegung vermeidest und Deine gesamte Freizeit nur damit verbringst, auf der Couch zu sitzen und Fernzusehen oder YouTube-Videos auf deinem Tablet zu gucken, dann wird Dein Körper in keiner Weise gefordert und es wird nur sehr wenig Energie verbraucht. Und nicht nur das: Muskeln werden abgebaut, wenn Sie lange nicht gefordert werden. Nun ist es aber so, dass Muskeln mehr Energie verbrauchen als Fett. Auch wenn Du Deine Muskeln gar nicht benutzt, verbrauchen Sie Energie und kurbeln auf diese Weise Deinen Stoffwechsel an und erhöhen Deinen Grundumsatz. Wenn Du Dich nicht bewegst, werden die Muskeln abgebaut und stattdessen Fettgewebe angelegt. Wenn sich Deine Muskeln verringern, verringert sich auch Dein Energieverbrauch und Dein Körper kann noch mehr Fettreserven anlegen, als er das ohnehin schon tun würde. Je weniger Muskeln Du hast, desto schneller wirst Du bei Bewegungsmangel noch fetter. Bewegung ist eine absolute Grundvoraussetzung, um deine Muskeln in Form zu halten. Frönst du stattdessen über längere Zeit ausgiebiger Faulheit, so kann dein Körper die von dir täglich aufgenommene Nahrung nicht ausreichend verbrennen. Deshalb wird sie in Zonen wie deinen Oberschenkeln, deinem Bauch, deiner Hüfte und deinen Armen eingelagert. Immerhin, ein Gutes hat die Sache: Diese Ursache für den Fettbauch kannst Du leicht selbst in den Griff bekommen, wenn Du willst. Schon eine halbe Stunde Bewegung am Tag macht einen entscheidenden Unterschied...

Wenn Du keine Zeit für Sport hast, kannst Du stattdessen mehr Bewegung in Deinen Alltag integrieren. Du kannst zum Beispiel mit dem Fahrrad anstatt mit dem Auto zur Arbeit fahren. Benutze Treppen anstatt den Fahrstuhl zu benutzen Treppensteigen ist eines der besten Trainings, die es überhaupt gibt, wenn es darum geht Fett zu verbrennen. Versuche einfach, mehr Bewegung in Deinen Alltag einzubauen, wenn Du zu Sport keine Zeit oder keine Lust hast. Es kann so einfach sein.

1.7. Essen im Übermaß

Ein weiterer entscheidender Faktor für das Ansetzen von Bauchfett ist die ungesunde Angewohnheit des maßlosen Essens. Oder auch das sprichwörtliche Überfressen.

Wir essen häufig viel zu viel, ohne uns dessen bewusst zu sein. Schnelles essen führt dazu, dass das Sättigungsgefühl nicht oder viel zu spät einsetzt und so ist besonders beim Essen von Fastfood und Junkfood das gesunde Maß sehr schnell überschritten. Auch beim Essen in Restaurants mit All-You-Can-Eat-Buffets kann es schnell passieren, dass Du mehr isst, als Du eigentlich wolltest und als eigentlich gut für Dich ist.

Auch Stress oder Trauer können dazu führen, dass wir zu viel essen und viel zu viel Nahrung zu uns nehmen.

Was auf den ersten Blick logisch erscheint, ist ein sehr zweischneidiges Schwert. Denn oftmals merkst du gar nicht, dass du zu viel isst. Dinge wie Stress oder Trauer, Heißhungerattacken oder unregelmäßige Ernährung können dazu führen, dass du wesentlich mehr Nahrung zu dir nimmst, als dein Körper benötigt.

Was auch immer der Grund dafür sei, in Kombination mit einem langsamen Stoffwechsel wird daraus schnell ein ernsthaftes Problem in Form von hartnäckigen Fettpolstern rund um deine Hüfte und andere Körperregionen.

Tipp: Iss langsamer. Wenn Du langsamer ist und jeden Bissen wenigstens dreißigmal kaust, hat Dein Körper mehr Zeit das Sättigungsgefühl zu entwickeln und Du wirst sehr wahrscheinlich weniger Essen, als wenn Du alles schnell hinunterschlingst, wie es bei Fastfood leider oft der Fall. Langsames, bewusstes Essen ist ein Schlüssel dazu, dem Sättigungsgefühl eine Chance zu geben und sich nicht zu überfressen

1.8. Das Bauchfett und sein Komplize: das Älterwerden

Der Alterungsprozess des menschlichen Körpers ist faszinierend und beängstigend zugleich. Wir werden von kleinen, noch nicht vollständig entwickelten Kindern zu Erwachsenen mit maximalen physischen und psychischen Fähigkeiten. Eine gewisse Zeit lang befinden sich diese auf ihrem Höhepunkt, ehe sie sich dann ganz allmählich in ihrer Funktion und Effizienz wieder zurück entwickeln. Umso älter wir werden, desto schwächer werden unsere Sinne und unser Körper.

Weitere wichtige Indizien für das Altern deines Körpers sind ein langsamer werdender

Stoffwechsel und die Verteilung von Fettablagerungen in deinem Körper.

Vielleicht warst du als Kind oder Teenager rank und schlank, obwohl du immer Unmengen gegessen hast. Doch nun, als erwachsener Mensch, verändert sich dein Körper plötzlich. Oder vielleicht warst du zuvor sowohl in Kinderjahren wie auch als Erwachsener immer gesund und hattest nie Probleme, deinen Bauch flach zu halten. Und nun wölbt sich dein Bauch über dem Hosenbund und deine Oberarme beginnen zu schlackern, auch wenn du dich regelmäßig bewegst.

Du könntest exakt dasselbe Sportprogramm verfolgen und dich immer auf die gleiche Art ernähren – mit fortschreitendem Alter reichen diese Menge an Sport und selbst gesundes Essen irgendwann nicht mehr aus, um sich vor Bauchfett zu schützen.

Diese Veränderungen deines Körpers sind vor allem Veränderungen in deinem Hormonhaushalt geschuldet, was gleichzeitig auch deinen Bedarf an Vitaminen und Mineralien verändert. Dein Körper benötigt Vitamine wie das Vitamin A, C, D und E um seine Form aufrecht zu halten und die Elastizität von Haut und Muskeln zu bewahren. Zudem sind

Reserven an gesunden Fetten und Enzymen erforderlich, um das Fett in deinem Körper aufzuspalten und in Energie umzuwandeln. Obwohl dein Körper eine bestimmte Menge all dieser Stoffe selbst produzieren kann, ist er dennoch auf dein Zutun in Form einer passenden Ernährung und eines gesunden Lebensstils angewiesen.

Mit dem Alter nimmt die Leistungsfähigkeit deines Körpers bei der Produktion dieser benötigten Nährstoffe ab. Deine Haut verliert an Glanz und Spannung, deine Muskeln erschlaffen und sie benötigen größere Mengen an Vitaminen und gesunden Fetten, um ihre Funktionen aufrecht zu erhalten. Da dein Körper darauf programmiert ist, Nährstoffe zuerst für grundlegende Prozesse zu verwenden, erhalten deine Muskel- und Hautzellen so immer weniger gesunde Vitamine. Folglich werden sie schlaff und verlieren ihre Form. Kurz gesagt: du nimmst zu, während du deine Jugend verlierst. Kein schöner Effekt, nicht wahr?

Man hat beobachtet, das vor allem Frauen dazu neigen, mit steigendem Alter unter zunehmenden abdominalen Fettablagerungen zu leiden. Den Höhepunkt bildet dabei in der Regel die Menopause, in der das Östrogen im weiblichen Körper heruntergefahren und der Testosteronspiegel erhöht wird.

Mit all diesen Fakten im Hinterkopf kannst du sicher erkennen, warum man im Laufe der Jahre an Gewicht zunimmt. Da man diesen Effekt heutzutage so häufig beobachten kann, wird es mittlerweile auch als Zeichen des Älterwerdens akzeptiert. Die Menschen werden bequem mit ihren Bäuchlein, das gehört ja schließlich zum Alter dazu, richtig?

Falsch! Erfahre jetzt, wie man dieses Bauchfett los wird, egal wie alt man ist!

Kapitel 2:

Mit der richtigen Ernährung einen flachen Bauch erhalten

Der Kampf gegen überschüssiges Bauchfett beginnt mit dem Faktor, der zu 80% an der Entstehung der Fettpölsterchen beteiligt ist – deine Ernährung! Die Nahrung, die wir zu uns nehmen, spielt eine grundlegende Rolle für unsere körperliche Gesundheit und Leistungsfähigkeit. Dafür benötigt jeder einzelne Teil deines Körpers seine ganz eigenen Nährstoffe, um wichtige Funktionen leisten zu können. So auch dein Körperfett, welches bestimmter Vitamine, Mineralien und Antioxidantien bedarf, um auf einem niedrigen Level zu bleiben.

Mutter Natur stellte uns in weiser Voraussicht zahlreiche Lebensmittel zur Verfügung, die genau diese Nährstoffe für unseren Körper beinhalten. Zur Bekämpfung von unerwünschtem Bauchfett sind besonders die Vitamine A, C und E wichtig. Denn sie produzieren während des Stoffwechsels Elastin und Collagen, welche das Fett in unserem Körper gleichmäßig verteilen und dafür sorgen, dass es sich nicht nur in einer Körperregion ansammelt.

Weiterhin benötigst du genügend Mengen an gesunden Fetten wie Omega-3- und Omega-6-Fettsäuren in deiner Nahrung. Diese helfen deinem Körper dabei, andere Fette in verwertbare Energiequellen umzuwandeln.

2.1. Lebensmittel, die beim Abbau von Bauchfett helfen:

Es gibt unzählige gesunde Nahrungsmittel, die dich bei der Verbrennung von Bauchfett unterstützen. Damit du eine Orientierung hast, findest du nachfolgend einige der effektivsten Vertreter:

2.2. Mandeln

Beginne deinen Tag mit einer Hand voll eingeweichter Mandeln und freue dich über einen schlanken Bauch sowie einen wachen Geist. Denn diese Trockenfrüchte sind reich an Vitamin E und versorgen deinen Körper mit großen Mengen an Elastin, was deine Muskeln in Form und straff hält. Mandeln sind außerdem reich an Magnesium, was gut für die Muskeln ist, die Herzgesundheit fördert und den Blutdruck senkt. Zudem sind Mandeln eine tolle Möglichkeit, um deinen Magen zu füllen, ohne zuviel zu essen. Und das Beste daran ist: du kannst so viele Mandeln essen, wie du möchtest!

2.3. Äpfel

Kennst du das Sprichwort "Ein Apfel täglich - kein Leiden quält dich"? Ob das in jedem Fall zutrifft ist fraglich, jedoch wird dir ein täglicher Apfel garantiert dabei helfen, unerwünschtes Fett abzubauen. Die aromatische und köstliche Frucht ist nämlich voll von Vitamin A und C, die deinen Körper wiederum mit tonnenweise Nährstoffen zur Gewebeerneuerung und Straffung versorgen. Die im Apfel enthaltenen Enzyme helfen dir beim Kampf gegen Hüftpolster, indem sie Fettgewebe abbauen. Das macht Äpfel zur idealen Ergänzung deiner täglichen Ernährung!

2.4. Avocado

Unterschätze niemals die Kraft einer Avocado. Diese Frucht ist eine wahre Powerbombe und enthält mehr Vitamine, Mineralien, gesunde Fette und Enzyme als die meisten anderen Obst- und Gemüsesorten. Obwohl sie durch ihren hohen Fettgehalt recht kalorienreich sind, sind Avocados eine echte Hilfe, wenn es darum geht,

Bauchfett abzubauen. Avocados sind voll mit Vitaminen, Mineralstoffen, Spurenelementen und Antioxidantien. So deckt eine Avocado den kompletten Tagesbedarf an Folsäure. Durch den hohen Kaliumgehalt wirkt die Frucht zudem blutdrucksenkend

Plane in deinem Speiseplan immer mal wieder eine Avocado ein. Avocados sind vielseitig verwendbar. Du kannst zum Beispiel Avocados pürieren und einen leckeren Aufstrich daraus machen, der wesentlich besser schmeckt und bei weitem gesünder ist, als Erdnussbutter.

2.5. Salatgurke

Wenn du nach einem gesunden Snack suchst, bei dem du keine Kalorien zählen musst, dann solltest du die Gurke wählen. Das Fruchtgemüse strotzt nicht nur vor Vitamin A und C, es hat auch zudem einen sehr hohen Wassergehalt. Die Gurke enthält außerdem jede Menge wichtiger Mineralstoffe, z.B. Kalium. Kalium sorgt dafür, dass Dein Körper überflüssiges Wasser ausscheidet und senkt den Blutdruck, was gut für Herz und Kreislauf ist. Das stellt sicher, dass unser Bauch stets mit ausreichend Nährstoffen und Flüssigkeit versorgt ist. Verabschiede dich mit ihrer Hilfe vom Blähbauch und überschüssigem Fett!

2.6. Wassermelone

Hinsichtlich des Wassergehalts hat die leckere Salatgurke einen ebenso köstlichen und belebenden Konkurrenten in Form der Wassermelone. Wer liebt es nicht, an einem heißen Sommertag ein erfrischendes Stück Wassermelone zu verspeisen? Hier sind die guten Nachrichten: diese rote Frucht enthält so viel Wasser und Vitamine, dass dein Bauch vor Freude jubeln wird. Trink Wassermelonensaft, knabbere an großen Fruchtstücken oder schneide sie in Salate, um diese bauchstraffende Alternative in allen Varianten zu genießen.

2.7. Grünes Blattgemüse

Es gibt kein spezifisches Blattgemüse, das man als DAS beste bauchstraffende Nahrungsmittel hervorheben kann. Denn alle Blattgemüse, vom Spinat über Kohl bis hin zu Rucola, verfügen über Inhaltsstoffe, die man in anderen Lebensmitteln vergebens sucht. Sie sind reich an Eisen sowie den Vitaminen A, C, D und E. Du wirst staunen, wie effektiv diese ebenfalls wasserreichen Gemüsesorten dir dabei helfen werden, deine Bauchmuskeln in Form zu bringen.

2.8. Ananas

Um es gleich vorwegzunehmen: Wir wollen hier auf keinen Fall der berüchtigten Ananasdiät das Wort reden. Bei der Ananasdiät handelt es sich um eine reine Crashdiät, die auf eine schnelle Gewichtsabnahme setzt. Bei der Ananasdiät ist es ausschließlich erlaubt, Ananas, Wasser, Tee und Ananassaft zu sich zu nehmen. Es ist klar, dass so eine einseitige Crashdiät nicht gesund sein kann und zu keiner langfristigen Gewichtsabnahme führt. Aber deswegen sollst Du nicht auf Ananas verzichten. Auch wenn wir die fragwürdige Ananasdiät außen vor lassen, spricht vieles dafür, frische Ananas in die tägliche Ernährung mit einzubeziehen.

Ananas enthält Bromelien. Durch dieses Enzym wird die Proteinaufnahme verbessert, dadurch das Muskelwachstum gefördert und die Fettverbrennung beschleunigt. Die vielen Mineralstoffe helfen Giftstoffe aus dem Körper auszuscheiden und den Säure-Basenhaushalt ins Gleichgewicht zu bringen. So wird der Körper entsäuert und der Stoffwechsel auf Hochtouren gebracht.

Die Ananas ist nicht nur eine sehr kalorienarme Frucht. Ein ganzes Kilogramm Ananas hat gerade 590 Kalorien. Die Ananas enthält jede Menge wertvolle Vitamine und Mineralien wie Magnesium. Außerdem enthält die Tropenfrucht Enzyme, die die Verdauung unterstützen und die Fettverbrennung fördern. Der hohe Gehalt an faserreichen Ballaststoffen unterstützt die Verdauung und ist gut für den Darm. Du solltest also die Ananas ruhig als Obstsnack mit in Deinen Ernährungsplan aufnehmen.

2.9. Grapefruits.

Es spricht einiges dafür, dass Grapefruits nicht nur wegen Ihres hohen Vitamin-C-Gehalts sehr gesund sind. Versuche an amerikanischen Universitäten deuten darauf hin, dass Grapefruitsaft eine deutlich appetitzügelnde Wirkung hat, wenn er vor den Mahlzeiten getrunken wird. Also einfach vor jeder Mahlzeit ein Glas Grapefruitsaft trinken und zusehen, wie die Pfunde purzeln. Allerdings sollte es frischgepresster Saft oder zumindest ein Saft mit 100 % Fruchtanteil sein. Auf keinen Fall ein Nektar oder gar ein Fruchtsaftgetränk. Denn diese Getränke werden von der Industrie mit zusätzlichem Zucker angereichert und werden mit Sicherheit zu keinem Gewichtsverlust führen.

2.10. Ingwer

Ingwer leistet Erstaunliches. Die scharfe Knolle ist wie Knoblauch eine echte Allzweckwaffe. Das Ingwer gegen Übelkeit und Schmerzen hilft und die Verdauung fordert, ist nur ein kleiner Teil der verblüffenden Eigenschaften. Ingwertee kann Dir auch beim Abnehmen helfen. Zum einen unterstützt Ingwertee die Verdauung, zum anderen ist Ingwertee ein kalorienarmes Getränk, das gut zur Flüssigkeitsversorgung geeignet ist. Aber das Wichtigste: Ingwer enthält wie Chili Substanzen, die dem Körper einheizen und die Fettverbrennung fördern und unterstützen. Ingwer sorgt auch dafür, dass mehr Magen- und Darmsekrete produziert werden, was die Verdauung zusätzlich unterstützt.

Ingwertee hilft dem Körper auch, Gift- und Schadstoffe auszuleiten. Bei der Zubereitung von Ingwertee solltest Du unbedingt frischen Ingwer verwenden und nicht etwa Ingwerpulver. Schneide eine frische Ingwerknolle in Scheiben und brühe damit Deinen frischen Ingwertee auf. Du erhältst ein erfrischendes Getränk, das Du sowohl heiß als auch als Kaltgetränk genießen kannst. Du kannst den Ingwertee mit ein wenig frischem Zitronensaft und ein klein wenig Honig verfeinern. Oder verwende Stevia zum süßen.

2.11. Kaffee

Bist Du Kaffeetrinker? Wenn ja, ist hier eine gute Nachricht für Dich: Kaffee ist ein großartiges Getränk, um Fett abzubauen. Voraussetzung: Du trinkst den Kaffee ohne Zucker und ohne Milch. Denn der Zucker würde aus dem an sich kalorienfreien Kaffee einen Dickmacher machen. Der Kaffee selbst ist aber ein echtes Schlankmachergetränk. Kaffee enthält bekanntlich Koffein, das das zentrale Nervensystem stimuliert.

Inzwischen haben wissenschaftliche Analysen belegen können, dass Koffein auch die Lipolyse, also die Fettverbrennung im menschlichen Körper unterstützt. Die Lipolyse ist der Vorgang, der im Körper dafür verantwortlich ist, dass Nahrungs- und Körperfett in seine einzelnen Bestandteile gespalten um das Fett schließlich für die Energieversorgung des Körpers des heran zu ziehen. Koffein steigert auch die Wärmeproduktion des Körpers und lässt den Blutdruck ansteigen. Beides kurbelt den

Stoffwechsel an und erhöht damit den Energieverbrauch. Selbstverständlich ist Kaffee alleine keine Wunderwaffe beim Abnehmen. In Verbindung mit einer angepassten Ernährung und reichlich Bewegung trägt Kaffee dazu bei, Körperfett abzubauen. Am besten wirkt eine Tasse starker schwarzer Kaffee oder Espresso direkt nach dem Essen. Milchkaffee und Kaffee mit Zucker ist aber absolut tabu! Trink Deinen Kaffee ausschließlich schwarz!

Kapitel 3:
Gesunde Ernährungs-gewohnheiten für einen flachen Bauch

1. Beobachte die Zubereitung deines Essens

Mittlerweile bist du dir sicher darüber bewusst, wie wichtig eine gesunde Ernährung für deine Figur und vor allem deine Bauchregion ist. Um sicherzustellen, dass du auch wirklich die beste Nahrung zu dir nimmst, solltest du deine Gerichte selbst zubereiten. So kannst du die Zutaten deiner Speisen stets kontrollieren und ebenso ein Auge darauf haben, wie sie gekocht werden.

Für eine Ernährung, die Bauchfett schmelzen lässt, solltest du dich von stark frittierten Gerichten fernhalten. Ebenfalls tabu sind Speisen aus Dosen und Fertiggerichte voller Konservierungsstoffe. Fast Food und Fertiggerichte sind zwar auf den ersten Blick tolle Lösungsansätze für den schnellen Hunger, jedoch sind sie bei regelmäßigem Konsum Hauptauslöser für Fettpolster rund um deinen Bauch!

Stattdessen solltest du beim Einkauf zu frischem Obst und Gemüse, Vollkorn und anderen Produkten greifen. Stelle sicher, dass die

Lebensmittel frei von Konservierungsstoffen sind und bereite die Gerichte mittels Kochen, Garen, Grillen oder Backen selbst zu.

3.2. Super-Fettverbrenner: Ingwer, Zimt, Zitrone und noch viele mehr!

Wenn du deine Fettpölsterchen erfolgreich loswerden möchtest, solltest du Lebensmittel in deine Ernährung integrieren, die großen Einfluss bei der Fettverbrennung haben. Damit sind jene Nahrungsmittel gemeint, die deinen Körper dabei unterstützen, aufgenommene Mahlzeiten in ihre Bestandteile zu zerlegen und in Energie umzuwandeln. Zudem können diese Wunderhelfer Gifte in deinem Körper abbauen und deinen Stoffwechsel beschleunigen.

Die bekanntesten – und stärksten – Fettverbrenner sind Zwiebeln, Knoblauch, Ingwer, Tomaten, Senf, Zimt, Zitronen, Honig und Cayenne Pfeffer. Verwende diese leckeren Zutaten bei der Zubereitung von Salaten, Suppen, Eintöpfen oder Angebratenem, damit sie ihre Wirkung entfalten können. Frischer Knoblauch und Ingwer sind eine hervorragende Ergänzung zu fast jedem Gericht. Sollten

Tomaten einmal nicht in den Speiseplan passen, so kannst du sie auch püriert als leckeren Saft zu dir nehmen. Zimt ist hingegen nicht nur sehr aromatisch, sondern auch in der Alternativmedizin für seine heilende Wirkung anerkannt. Gib etwas Zimt in deine Bratensoßen oder Reisgerichte und schon kannst du auf köstliche Art das Fett sprichwörtlich schmelzen lassen.

Solltest du keine Lust aufs Kochen von fettverbrennenden Gerichten haben, so kannst du auch einfach morgens nach dem Aufstehen ein Stück frischen Ingwer oder Knoblauch essen. Das ist vielleicht nicht die appetitlichste Art, den Tag zu beginnen, aber es wirkt Wunder! Dein Stoffwechsel wird dadurch angeregt und dich den ganzen Tag auf Trab halten.

3.3. Gesunde Fette helfen dir gegen ungesunde Fette

Ein sehr weit verbreiteter Fehler, den viele Menschen begehen, ist, bei einer Diät auf sämtliche Lieferanten für Fette zu verzichten. Einerseits stimmt es zwar, dass man den Genuss fettiger Speisen minimieren sollte. Aber das bezieht sich auf frittierte, verarbeitete Lebensmittel voller Zucker, Salz und Fettsäuren, die nur unnötiges Fettgewebe in deiner Bauchregion anlegen. Sie gehören zu den Quellen ungesunder Fette. Auch wenn dein Körper diese nicht benötigt, so ist er dennoch auf eine gewisse Menge an gesunden Fetten angewiesen.

Gesunde Fette sind jene Bestandteile deiner Ernährung, die eine simplere chemische Struktur aufweisen, als ungesunde Fette. Aus diesem Grund können Sie vom Körper leichter in ihre Bestandteile zerlegt und zu Energie umgewandelt werden. Zusätzlich unterstützen die meisten gesunden Fette nicht nur den Abbau von Fett, sondern sie verbessern auch den gesundheitlichen Zustand deiner Haare, deiner Haut, deiner Nägel und deines Geistes.

Die besten Lieferanten für gesunde Fette wie Omega-3 oder Omega-6 sind fettreiche Fische wie Lachs, Kabeljau, Weißer Thun oder Thunfisch. Solltest du kein Fan von Fischgerichten sein, so kannst du auch auf Nahrungsergänzungsmittel mit Fischöl zurückgreifen, welche die Apotheken für deinen täglichen Bedarf an gesunden Fetten bereithalten. Wenn du ganz auf Fette aus dem Meer verzichten willst, so kannst du auch

Avocados, Oliven sowie Nüsse und Samen – zum Beispiel Kokosnuss, Macadamia Nüsse, Walnüsse, Pekannüsse, Chiasamen und Leinsamen – in deine tägliche Ernährung einbauen.

3.4. Das Frühstück ist ein Muss!

Wenn du schon den Fehler begangen hast, für einen flacheren Bauch alle Fette aus deiner Ernährung zu verbannen, so könnte dies dein nächster Fauxpas sein. Denn viele von uns glauben, sie könnten Gewicht verlieren, indem sie ab und zu eine Mahlzeit auslassen. Leider wird dabei im Kampf für einen straffen Bauch häufig das erste und wichtigste Mahl des Tages geopfert – das Frühstück.

Dieses Verhalten ist für dein Ziel Gewicht zu verlieren eher schädlich als förderlich. Das Frühstück ist der wichtigste Teil beim Start in den Tag. Dieses Essen und seine Umwandlung in Energie bringt deinen Körper in Fahrt und lässt ihn in den nächsten Stunden arbeiten. Wenn du das Frühstück auslässt, wird sich dein Körper andere Möglichkeiten suchen, um diese Funktionen aufrecht zu erhalten. Die Kurzfristige

Folge davon ist ein Blähbauch, langfristig gesehen führt dies zu mehr Bauchfett.

Stattdessen solltest du das Frühstück zu deinem Verbündeten im Kampf gegen das Bauchfett machen. Fülle deinen Teller mit gesunden, fettverbrennenden Lebensmitteln, die auf schonende Art zubereitet wurden. Versuche einmal Frühstücks Muffins mit Eiern, gehacktem Gemüse und Nüssen. Oder gönne dir ein schnell gebratenes Omelett oder nussige Pancakes aus der Bratpfanne. Lösche nach diesen herzhaften Gerichten den Durst mit erfrischenden Smoothies aus Früchten wie Avocados, Bananen und Erdbeeren. Mach das Frühstück zu einer leckeren Gelegenheit, um das Bauchfett schmelzen zu lassen!

3.5. Vermeide Zucker, wo immer es geht.

Zucker in all seinen Erscheinungsformen ist leider eine Substanz - von einem Lebensmittel kann man eigentlich gar nicht sprechen - die nur negative Wirkungen auf den Körper hat. Zucker liefert ausschließlich leere Kalorien. Er enthält keine Mineralstoffe und keinerlei Vitamine.

Und was noch schlimmer ist: Um den Zucker im Körper überhaupt verstoffwechseln zu können, muss der Körper jede Menge Mineralstoffe und Vitamine aus körpereigenen Reserven zusetzen. Die Verdauung von Zucker verbraucht zum Beispiel jede Menge Magnesium und B-Vitamine. Zucker ist in dieser Hinsicht genauso schädlich wie Alkohol, der ebenfalls nur leere Kalorien liefert und auch wertvolle Vitalstoffe beim Verstoffwechseln aufbraucht.

Leider ist Zucker fast allgegenwärtig und es ist gar nicht so einfach, ihm aus dem Weg zu gehen. Denn Zucker wird von der Lebensmittelindustrie praktisch überall eingesetzt. Kein Wunder, denn Zucker hat ein hohes Eigengewicht und macht Produkte damit schwerer, er hat eine konservierende Wirkung und er wirkt mit Salz und Gewürzen zusammen geschmacksintensiver. Er lässt sich unbegrenzt lagern, in die verschiedensten Formen bringen und ist eine preiswerte Zutat. Kein Wunder, dass er von der Industrie fast in jedem Produkt verwendet wird. Süßigkeiten und gesüßte Produkte sind dabei nur die Spitze des Eisbergs. Ketchup, Salatdressings, Suppen und Saucen: Zucker ist allgegenwärtig.

Es ist gar nicht so einfach, Zucker wirklich konsequent aus dem Weg zu gehen. Ein erster, einfacher Schritt ist der Verzicht auf Süßigkeiten, Kuchen und Limonadengetränke sowie auf süße Säfte. Hier tritt der Zucker ziemlich offensichtlich zu Tage. Das Cola und Limo Zuckerbomben sind, dürfte sich ja inzwischen herumgesprochen haben. Dass allerdings viele Fruchtsäfte sogar noch mehr Zucker und somit noch mehr Kalorien enthalten als Cola Getränke und Limonaden, ist im allgemeinen Bewusstsein der Bevölkerung noch nicht angekommen. Verzichten Sie also am besten auf süße Säfte. Wenn Du Saft trinkst, dann am besten frisch gepresst und mit etwas Wasser oder Mineralwasser zu einer Saftschorle verdünnt.

Streiche Konfitüren und Marmeladen von Deinem Speiseplan sowie alles was in irgendeiner Form nach Kuchen und Keksen aussieht. Letzteres auch noch aus einem anderen Grund, auf den wir noch zu sprechen kommen (Weizenmehl!)

Fertiggerichte sollten ebenfalls tabu sein, genau wie Suppen und Dressings aus industrieller Fertigung. Auch Ketchup solltest Du Dir möglichst verkneifen. Natürlich muss man daraus kein 110%tiges Dogma machen. Wenn Du einmal in der Woche doch einmal irgendwo etwas Süßes isst, dann geht davon nicht die Welt unter und Du nimmst auch nicht sofort 1 kg zu. Aber es ist wichtig, dass Du Dir klar machst, wo überall Zucker lauert. Versteckt und weniger versteckt. Achte darauf, den Konsum von Zucker so weit wie möglich zu vermeiden.

Wenn es denn etwas Süßes sein soll, dann greif nach Möglichkeit zu frischem Obst oder Dörrfrüchten. Auch Schokolade, sofern es sich um dunkle Schokolade mit wenigstens 70% Kakaoanteil handelt, ist in Maßen erlaubt.

Der wichtigste Aspekt ist allerdings, aufgenommenen Zucker stets durch genügend Bewegung abzubauen. Da Zucker, wie erwähnt, wesentlich hartnäckiger als andere Inhaltsstoffe der Nahrung ist, erfordert es einiges mehr an Training, um diesen abzubauen. Solange du aber zusätzlich zum Training bewusst auf deinen Zuckerkonsum achtest, kannst du dir auch ab und zu problemlos ein sündiges Schokoladendessert gönnen!

3.6. Verringere Deinen Alkoholkonsum

Für Alkohol gilt praktisch alles, was wir schon beim Zucker festgestellt haben: Alkohol wird wie Zucker in der Leber abgebaut und am Ende in zusätzliches Körperfett umgewandelt. Alkohol liefert leider jede Menge “leere Kalorien”. Dabei verbraucht der Körper reichlich Vitalstoffe und Mineralien. (einer der Gründe, warum es nach reichlichem Alkoholkonsum zu dem berüchtigten “Kater” kommt.) Zusätzlich ist Alkohol ein Nervengift und greift Nerven- und Gehirnzellen direkt an. Außerdem entstehen beim Abbau von Alkohol gifte Abbauprodukte wie Formaldehyd.

All das sind gute Gründe, um auf Alkohol zu verzichten. Gegen ein Gläschen Wein oder ein einsames, kleines Feierabendbier am Abend ist aus gesundheitlicher Sicht noch nicht viel einzuwenden. Nennenswert darüber hinausgehen sollte Dein Alkoholkonsum nicht. Du wirst das Ergebnis schnell auf der Waage bemerken, wenn Du Deinen Alkoholkonsum einschränkst oder ganz aufgibst.

3.7. Kontrolliere deine Aufnahme an Natrium

Neben dem Zucker spielt auch Natrium eine entscheidende Rolle beim Ansetzen von Bauchfett. Natrium, das in Salz vorkommt, lässt bei starkem Konsum deinen Blutdruck auf hohe Werte steigen und verursacht ein Völlegefühl.

Mit der Zeit verwandelt sich dieses Völlegefühl in Fettpolster, die nur schwer wieder abzubauen sind.

Versuche, deine Einnahme von Salz auf ein absolutes Minimum zu beschränken. Vermeide es, Speisen wie Pommes Frites, Reis oder andere Gerichte zusätzlich zu salzen. Das mag für dich zunächst fade schmecken, aber innerhalb weniger Zeit wirst du dich an eine natriumarme Ernährung gewöhnen! Zudem gibt es viele andere Gewürzoptionen, die dem Geschmack von Salz ähneln, ohne aber dem Essen zusätzliches Natrium beizufügen. Versuche es einmal mit frischem Zitronensaft für eine säuerliche Note oder wähle die gesündere Option des Meersalzes. Ebenso kannst du mit anderen Gewürzen und Kräutern wie Paprika, Koriander und Oregano experimentieren. Mit diesen Zutaten wird dein Verlangen nach Salz in den Gerichten mit der Zeit schwinden.

3.8. Vergiss nicht das Vitamin C

Vitamin C ist ein wichtiges Vitamin, das essentiell für unsere Gesundheit sowie unsere Haut, Haare und Nägel ist. Es produziert eine Substanz namens Kollagen, die dein Gesicht straff aussehen lässt. Ebenso wichtig ist Vitamin

C auch für einen straffen und wohlgeformten Bauch.

Indem du täglich eine gesunde Dosis an Vitamin C in deine Ernährung einbaust, hilft es dir durch die Produktion einer Substanz namens Carnitin. Carnitin unterstützt die Umwandlung von Fett in Energie, das heißt, dass du überschüssige Kalorien mit seiner Hilfe wesentlich schneller und einfacher verbrennen kannst. Dies sind die direkten Effekte, die Vitamin C in deinem Kampf gegen das Bauchfett beitragen kann. Als Bonus hat Vitamin C zudem eine indirekte Kraft.

Wie schon erwähnt, ist Cortisol ein Hormon, das dein Körper als Mittel zum Stressabbau ausschüttet. Jedoch kann es in großen Mengen dazu beitragen, dass zusätzliches Fett in deiner Bauchregion eingelagert wird. Vitamin C verringert die Absonderung von Cortisol durch deinen Körper und hilft dir so, stress- und fettfrei zu bleiben!

3.9. Sieh genau hin bei Joghurt und Co. - Viele Milchprodukte sind Zuckerbomben

Um es gleich vorwegzunehmen: Du kannst aufatmen. Du musst nicht auf alle Milchprodukte verzichten. Es gibt aber auch in diesem Bereich viel Lebensmittelschrott. So haben die meisten Joghurts mit Fruchteinlage vom Discounter nicht nur keinen gesundheitlichen Wert, sondern fallen genau genommen in die Rubrik „Süßigkeiten“.

Frucht-Joghurt enthält meistens nur minimale Mengen an echten Früchten. Dafür umso mehr Zucker und Aromastoffe. Wenn es sich um Magerjoghurt mit reduziertem Fettanteil handelt, kommen auch noch Geliermittel und Emulgatoren dazu, damit die Masse ein klein wenig stichfest ist und nicht gleich vom Löffel läuft, wenn man versucht, sie zu essen. Das gleiche gilt auch für diverse Trinkmilchprodukte mit Bananen, Erdbeer- und Schokogeschmack. Auch diese Getränke fallen eher unter „gesüßte Softdrinks“ als unter gesunde Milchprodukte. Bei Joghurt und Milchgetränken lohnt es sich immer, ein genauen und sehr kritischen Blick auf die Zutatenliste zu werfen.

Empfehlenswert sind dagegen Kefir und Buttermilch. Beide haben einen positiven Einfluss auf die Verdauung und sind gut für eine gesunde Darmflora. Joghurt kaufst Du am besten als naturbelassenen Vollmilch-Joghurt. Du kannst selbst zum Beispiel klein geschnittene

Erdbeeren oder pürierte Blaubeeren mit etwas Honig in Deinen Vollmilch-Joghurt rühren. Du erhältst so einen wirklich gesunden Fruchtjoghurt, der diesen Namen auch verdient.

Ähnliches gilt auch für Käse. Vermeide den in Scheiben geschnittenen und in Plastik eingeschweißten Billigkäse vom Discounter ebenso wie Schmelzkäsezubereitungen und obskure Streichkäsemischungen. Kauf guten Käse am Stück an der Käsetheke oder auf dem Wochenmarkt und lass die Massenware liegen. Tipp: Harzer Käse – wenn man ihn mag – ist ein toller Eiweißspender und Schlankmacher. Er enthält praktisch nur Eiweiß und kaum Fett und passt darum perfekt in unseren Ernährungsplan.

3.10. Vernichte das Bauchfett mittels Hydration

Du musst deinen Körper kontinuierlich mit ausreichend Wasser versorgen. Das wird nicht nur deinen Durst löschen, sondern kurbelt zudem auch deinen Stoffwechsel an und hilft, Giftstoffe aus deinem Körper zu schwemmen. Ein kurioser Fakt ist, dass man Durst mit Hunger verwechseln kann. Wenn dein Körper also eigentlich Wasser verlangt, greifst du zu fettigen Chips oder einem zuckerhaltigen Getränk.

Eine ausreichende Versorgung mit Wasser ist wichtig, damit Schadstoffe über die Nieren ausgeleitet werden können und der Stoffwechsel einwandfrei funktioniert. Die meisten Menschen trinken nicht genug Wasser. Wasser benötigt aber auch Energie, um vom Körper verarbeitet zu werden. Damit unterstützt auch das Trinken von reichlich Wasser die Fettverbrennung.

Du solltest mindesten 1-2 Liter Wasser am Tag trinken, damit Dein Körper immer mit ausreichend Flüssigkeit versorgt ist, alle Stoffwechselvorgänge einwandfrei funktionieren und Du nicht dehydrierst. Es reicht übrigens ganz normales Leitungswasser. Wasser ist das best überwachte Lebensmittel in Deutschland. Sofern Dein Leitungswasser im Geschmack einwandfrei ist, was fast überall in Deutschland der Fall ist, brauchst Du nicht auf teures Flaschenwasser zurückzugreifen. Das schont Umwelt und Geldbeutel gleichermaßen, weil Energie und Rohstoffe eingespart werden können, die sonst für die Abfüllung des Wassers in Plastikflaschen verbraucht würden. Außerdem besteht bei Wasser aus Plastikflaschen der Verdacht, das bei längerer Lagerung oder bei

Lagerung an warmen Orten, Substanzen aus der Plastikflasche in das enthaltene Wasser austreten und dann mit getrunken werden.

Auf Flaschenwasser solltest Du nur zurückgreifen, wenn Dein Leitungswasser nicht von einwandfreiem Geruch und Geschmack ist. Sollte Dein Leitungswasser nach Chlor riechen oder schmecken, dann greif lieber auf Flaschenwasser zurück. Und bevorzuge Mineralwasser aus Glas-Pfandflaschen, solange es das noch gibt.

Stelle sicher, dass du mindestens zwei Liter Wasser am Tag trinkst. Bei einem hektischen oder aktiven Lebensstil darf es gern auch mehr sein. Vermeide dabei Getränke wie zuckerhaltige Limonaden oder verarbeitete Säfte und greife stattdessen lieber zu gesünderen Alternativen. Sollte normales Mineralwasser für dich zu langweilig sein, so kannst du dir auch einen aromatischen und geschmacksintensiven Kräutertee kochen. Dieser wird deinen Körper mit Flüssigkeit versorgen und liefert dir zusätzlich gesunde Antioxidantien.

3.11. Weg mit der Wurst...

Tu Dir einen Gefallen und verzichte auf Wurstwaren. Diese verarbeiteten Fleischprodukte enthalten neben viel Salz und Zucker meistens auch das giftige Nitrit Pökelsalz. Außerdem stecken in Wurstwaren jede Menge Fette. Und zwar durchweg Fette ohne großen Nährwert aber mit viel „Schlechtem" Cholesterin, dass die Arterienverkalkung fördert. Das viele Salz in der Wurst treibt den Blutdruck in die Höhe und fördert Wassereinlagerungen im Körper. Es spricht nichts gegen Fleisch, aber iss hochwertiges Fleisch wie Steaks, Geflügelfleisch, auch Schweinefleisch aus Biohaltung ist OK.

Denk daran: In die Wurst kommen durchweg Dinge, die Du normalerweise nicht essen würdest.

Schon der erste deutsche Kanzler Otto von Bismarck sagte:

„Wer das Gesetz achtet und gerne Würste isst, sollte besser nicht wissen , wie beide gemacht werden".

Und was für Wurst gilt, gilt selbstverständlich auch für Frikadellen, Hamburger, Hotdogs und ähnliche fragwürdige Fleischprodukte.

3.12. Grüner Tee – eine Wunderwaffe gegen das Bauchfett

Das Grüner Tee eines der gesündesten Getränke überhaupt ist, hat wahrscheinlich fast jeder schon einmal gehört. Aber warum ist das so? Die Wirkung von grünem Tee ist bemerkenswert und von japanischen Wissenschaftlern in Tierversuchen untersucht worden. Grüner Tee hilft auf zwei verschiedenen Wegen dabei, Bauchfett abzubauen und so an Gewicht zu verlieren.

Grüner Tee kurbelt den Stoffwechsel an und sorgt dafür, dass auch im Ruhezustand mehr Kalorien als sonst verbrannt werden auch dann, wenn gerade keine großen sportlichen Aktivitäten angesagt sind.

Die zweite entscheidende Wirkung von Grünen Tee ist das Absenken des Blutzuckerspiegels. Ein niedrigerer Blutzuckerspiegel sorgt automatisch für eine geringere Insulinausschüttung im Körper und somit für niedrigen Insulinspiegel. Ein hoher Insulinspiegel sorgt für verstärkte Fetteinlagerung im Bauch, ein niedriger Insulinspiegel macht das Gegenteil möglich und lässt das Bauchfett schmelzen.

Noch wirksamer ist Grüner Tee in Verbindung mit einem moderaten Lauftraining. Die Wirkung wird intensiviert, der Energiestoffwechsel verbessert sich und die Neubildung von Fettzellen wird deutlich reduziert. Eine weitere positive Wirkung des Grünen Tees: Grüner Tee trägt dazu bei den Blutdruck zu senken. Das hilft Ihnen zwar nicht unmittelbar dabei, Ihren Bauchspeck loszuwerden, aber ein verringerter Blutdruck hat in jedem Fall eine lebensverlängernde Wirkung und entlastet Ihr Herz.

Grüner Tee ist damit neben gewöhnlichem Leitungswasser das beste Getränk, dass Du zu Dir nehmen kannst, wenn Du ernsthaft daran interessiert bist, Dein Bauchfett los zu werden. Trink jeden Tag mehrere Tassen Grünen Tee über den Tag verteilt und Du kannst Dich schon bald über einen niedrigeren Blutdruck und ein zunehmendes Dahinschmelzen Deines Bauchfettes freuen. Natürlich nur, wenn Sie zuckerhaltige Softdrinks und süße Säfte konsequent meiden, sonst hilft auch der Grüne Tee nicht...

Bei der Auswahl des Tees solltest Du von billigen Tees in Teebeuteln Abstand nehmen. Geh in ein

Teegeschäft und lass Dich beraten und kauf dann einen Beutel wirklich guten Grünen Tee.

Grüner Tee muss von Hand aufgebrüht werden und in Ruhe getrunken werden. Achte darauf, den Tee nicht zu lange ziehen zu lassen. Außerdem darf das Wasser im Gegensatz zu schwarzem Tee nicht mehr kochen, wenn Du den Tee aufbrühst. Unmittelbar vor dem Schlafen gehen solltest Du allerdings lieber einen Kräutertee oder Früchtetee trinken, denn Grüner Tee enthält wie schwarzer Tee und Kaffee Koffein bzw. Teein, das zu Einschlafschwierigkeiten führen kann.

Kapitel 4:
Hausmittel für einen flachen Bauch

Nun kennst du die Lebensmittel, die dir beim Verbrennen deines Bauchfetts große Hilfe leisten werden. Jetzt ist der Zeitpunkt gekommen, dir ein paar einfache Rezepte für hausgemachte Getränke vorzustellen, die dir bei der Bekämpfung von überschüssigen Fettpölsterchen eine wichtige Unterstützung sein werden.

Lass uns mit einem gesunden Saft Mix für einen aktiven Start in den Tag beginnen. Dieser Drink verbindet die positiven Eigenschaften von Zitronen als Vitaminlieferanten, Honig als Antioxidans und Pfeffer als Stoffwechselbeschleuniger. So hilfst du morgens deinem Körper, die in der Nacht angesammelten Fremdstoffe auszuschwemmen und überschüssiges Fett abzubauen.

Anschließend lernst du, wie man ein Mixgetränk mit Apfelweinessig zubereitet. Dieses wird, trotz des zunächst seltsam klingenden Namens, mit Sicherheit schnell zu deinen Lieblingsmitteln im Kampf gegen überschüssige Pfunde am Bauch werden. Früh morgens getrunken wird diese Mischung deine Verdauung anregen und sicherstellen, dass im Laufe des Tages deine aufgenommene Nahrung nicht von deinem Körper als Fett eingelagert wird.

Danach stellen wir dir zwei Kräutermischungen vor, die du beide den gesamten Tag über trinken kannst. Der Kräutertee gegen Bauchfett vereint die gesunden Eigenschaften von Samen wie Bockshornklee, Koriander und Kreuzkümmel. Diese unterstützen deine Verdauung und treiben Giftstoffe aus deinem Körper. Die Aloe Vera-Mischung für einen wohlgeformten Bauch ist ebenso ein beliebtes Mittel gegen Übergewicht dank kraftvoller Inhaltsstoffe wie Kurkuma und Kreuzkümmel.

Sobald du all diese Mischungen zur Anregung der Verdauung zubereitet und probiert hast, kannst du deren Wirkung durch die Verwendung von Massageölen verstärken. Wir empfehlen dir unser Rezept für ein Massageöl zur Straffung der Bauchregion aus Mandeln und Zitrusfrüchten. Seine Inhaltsstoffe versorgen deine Haut schnell und effektiv mit wertvollen Ölen voller Vitamin E und straffen sie mit der Kraft von Orangenblüten, Wacholder und Grapefruit.

Ein weiteres Kraftpaket für einen flachen Bauch ist Zimt, ein Gewürz, das auch in unserem Massageöl aus Zimt und Sandelholz enthalten ist. Dieses herrlich duftende und wirksame

Massageöl wird deinem Bauch in nur wenigen Wochen eine neue Form verleihen! Zum Schluss kannst du dich auch an bauchstraffenden Körperwickeln mit Ton und Lavendel versuchen. Diese kannst du in kurzer Zeit vorbereiten, die wundersamen Effekte auf deine Bauchregion halten dagegen aber wesentlich länger an.

4.1. Zitronensaft Spezial

Das benötigst du:

1-2 mittelgroße Zitronen. Am besten sind Bio-Zitronen aus ökologischem Anbau

1 Glas Wasser

1 Teelöffel schwarzer Pfeffer in Pulverform

1 Teelöffel Honig

So bereitest du das Getränk zu:

1. Wasche die Zitronen gründlich und schneide sie in zwei Hälften.

2. Entferne die Zitronenkerne und drücke den Saft der beiden Hälften mit Hilfe einer Zitruspresse aus. Gib den Saft anschließend in ein hohes Glas.

3. Du solltest dabei etwa 3 bis 4 Esslöffel Saft gewinnen. Wenn du mehr Saft benötigst, drücke eine weitere Zitrone aus.

4. Erwärme das Wasser in der Mikrowelle oder in einem Kochtopf. Achte darauf, dass das Wasser nicht zu heiß wird, sondern nur so warm, dass du davon problemlos trinken kannst.

5. Gieße das Wasser in das Glas mit dem Zitronensaft.

6. Gib den schwarzen Pfeffer und einen Teelöffel Honig hinzu.

7. Verrühre den Saft gut miteinander und fertig ist dein ganz spezieller Zitronensaft!

8. Den Honig fügst du nicht nur wegen seiner gesunden Eigenschaften, sondern auch wegen seines Geschmacks hinzu. Wenn du es also etwas süßer magst, kannst du ruhig noch etwas mehr verwenden.

9. Trinke diesen Saft aus Honig und Zitrone morgens nach dem Aufwachen auf nüchternen Magen.

10. Versuche, in den darauffolgenden 30 bis 45 Minuten nach dem Trinken nichts zu essen oder zu trinken, damit der Drink seine volle Wirkung entfalten kann.

11. Wenn möglich, lasse diesen Zitronensaft zu deiner alltäglichen Morgenroutine werden. So verlierst du nicht nur leicht überschüssiges Fett, sondern hilfst auch längerfristig deinem Körper dabei, in Form zu bleiben.

12. Du kannst diesen Saft sogar zusätzlich noch einmal abends vor dem Schlafengehen trinken, wenn du magst. Er ist so gesund, dass man ihn mehrfach am Tag genießen kann.

4.2. Apfelweinessig

Das benötigst du:

1 Tasse Wasser

1-2 Esslöffel Apfelweinessig

So bereitest du das Getränk zu:

1. Diese einfache Mischung kannst du in gerade einmal zwei Schritten, in weniger als einer Minute, zubereiten!

2. Alles, was du dafür tun musst, ist, eine Tasse Wasser zu erwärmen. Dies kannst du in der Mikrowelle oder in einem Kochtopf auf der Herdplatte machen. Achte darauf, dass dir die Wassertemperatur ein angenehmes Trinken ermöglicht, ohne dich dabei zu verbrennen.

3. Gib das erhitzte Wasser in ein Glas und füge den Apfelweinessig hinzu.

4. Vermische beide Flüssigkeiten gut mit Hilfe eines Löffels und schon ist der Mix fertig!

5. Trinke diese Mischung jeden Abend etwa 30 Minuten vor dem Abendessen, sodass der Apfelweinessig fettige Nahrung in deinem Magen leicht aufspalten kann.

6. Wenn du möchtest, kannst du das Getränk auch gern vor dem Mittagessen zu dir nehmen.

4.3. Kräutertee gegen Bauchfett

Versuche einmal diesen Kräutermix mit der Wirkung von Heilpflanzen wie Koriander und Kreuzkümmel, der deine Verdauung unterstützen und deinen Körper von Giftstoffen reinigen wird.

Das benötigst du:

3-4 Tassen Wasser

1/2 Teelöffel Zimt in Pulverform

1 Teelöffel Kreuzkümmelsamen

1 Teelöffel Koriandersamen

1 Teelöffel Fenchelsamen

(Optional: Honig als Süßstoff)

Eine große Thermoskanne für unterwegs

So bereitest du das Getränk zu:

1. Dies ist ein Tee, der einmal vorbereitet den gesamten Tag über getrunken werden kann, um den Bauch zu straffen.

2. Am effektivsten ist die Mischung, wenn sie noch warm getrunken wird. Finde deshalb einen Behälter, in dem du das Getränk auch mitnehmen kannst bzw. stelle sicher, den Tee erst zu erwärmen, bevor du ihn zu dir nimmst.

3. Zunächst musst du dafür die erforderlichen Mengen der Zutaten abmessen.

4. Erhitze das Wasser in einem Topf auf dem Herd.

5. Bring es bei mittlerer Hitze langsam zum Kochen.

6. Füge das Zimtpulver sowie die Kümmel-, Koriander- und Fenchelsamen hinzu, sobald das Wasser kocht.

7. Dreh die Herdplatte auf kleine Hitze und lass das Wasser für circa 5 bis 10 Minuten leicht köcheln, sodass Blasen aufsteigen. Rühre den Tee dabei gelegentlich um.

8. Schalte deinen Herd ab und stelle die Thermoskanne bereit.

9. Setze einen kleinen Trichter auf die Öffnung der Thermoskanne und fülle mit dessen Hilfe den Tee hinein. Du kannst aber auch einen Teil des Tees in eine Tasse füllen und direkt trinken, während die restliche Menge weiter mit den Kräutern ziehen kann.

10. Sollte dir der Tee zu stark sein, so kannst du beim nächsten Versuch nur die Hälfte der hier gelisteten Mengen nehmen.

11. Sobald du dich einmal an den Geschmack gewöhnt hast, kannst du die Mengen der Zutaten dann langsam wieder erhöhen, um einen noch wirkungsvolleren Tee zu erhalten.

4.4. Aloe Vera-Drink für einen wohlgeformten Bauch

Das benötigst du:

1 Tasse Wasser

¼ Tasse Aloe Vera Saft

1 Teelöffel Kurkumapulver

1 Teelöffel Kreuzkümmelpulver

1 Teelöffel Bockshornkleepulver

1 Esslöffel Honig

So bereitest du das Getränk zu:

1. Bereite alle Zutaten vor und miss die erforderlichen Mengen für die bauchstraffende Mischung ab.
2. Erwärme die Tasse Wasser entweder in der Mikrowelle oder in einem Topf auf dem Herd, bis das Wasser eine angenehme Trinktemperatur erreicht hat.
3. Gieße das Wasser in eine große Schüssel.
4. Gib den Aloe Vera Saft in das warme Wasser und verrühre beides, sodass sich die Flüssigkeiten gut vermischen.

5. Füge dann das Kurkumapulver hinzu, nachfolgend auch das Kreuzkümmelpulver und das Bockshornkleepulver. Vermische alle Zutaten ausgiebig, sodass sie sich miteinander verbinden.

6. Solltest du kein Kurkumapulver oder Bockshornkleepulver finden können, so kannst du stattdessen auch deren Samen kaufen und sie in einer Küchenmaschine zerkleinern. Verwende die benötigte Menge von einem Teelöffel für das Getränk und hebe den Rest des selbst gemachten Pulvers für spätere Gelegenheiten auf.

7. Gib zum Schluss den Honig hinzu, um die Mischung etwas zu süßen und rühre das Getränk abschließend noch einmal um. Sollte dir der Geschmack noch nicht zusagen, so kannst du gern auch die Honigmenge etwas variieren.

8. Trinke die Mischung gleich zu Beginn des Tages, was deinem Körper beim Ausscheiden ungesunder Giftstoffe helfen wird und deinen Magen auf den Rest des Tages vorbereitet.

9. Um maximale Resultate zu erhalten, solltest du nach dem Getränk eine Stunde lang nichts essen.

10. Du kannst die Mischung täglich trinken und so auf eine schmale Hüfte und einen straffen Bauch hinarbeiten.

4.5. Mandel-Zitrus-Massageöl für den Bauch

Das benötigst du:

3 Esslöffel Mandel-, Oliven-, Aprikosen- oder Jojobaöl

7 Tropfen ätherisches Öl Grapefruit

5 Tropfen ätherisches Öl Zypresse

3 Tropfen ätherisches Öl Wacholder

3 Tropfen ätherisches Öl Süße Orange

3 Tropfen ätherisches Öl Salbei

Eine kleine, durchsichtige Flasche mit einem Deckel oder Verschluss

So bereitest du das Öl zu:

1. Besorge alle erforderlichen Öle und miss die notwendigen Mengen für dieses Rezept ab.
2. Mit Hilfe dieses Rezeptes erhältst du etwa 30ml des Massageöls. Solltest du größere Mengen für einen längeren Anwendungszeitraum herstellen wollen, so kannst du die Mengenangaben der Zutaten entsprechend anpassen.

3. Gib das Hauptöl, wie zum Beispiel Mandelöl oder Olivenöl, in eine Schüssel. Du kannst auch gern verschiedene Öle mischen, um eine effektivere Wirkung zu erhalten.
4. Füge dann das ätherische Öl aus Grapefruit hinzu, gefolgt von dem ätherischen Zypressenholz.
5. Verrühre sie mit einem Löffel in das Hauptöl.
6. Gib anschließend die ätherischen Öle aus süßer Orange, Wacholder und Salbei unter ständigem Rühren hinzu.
7. Gieße das Ölgemisch in die saubere und durchsichtige Flasche.
8. Verschließe die Flasche und schüttele sie, um sicherzustellen, dass alle Zutaten gut vermischt sind.
9. Massiere eine kleine Menge des Öls in die Zone rund um deinen Bauch. Wiederhole diese Anwendung jeden Tag etwa zwei bis fünf Minuten lang, bevor du duschen gehst.
10. Du kannst das Öl nach dem Auftragen auch bis zu einer Stunde auf der Haut

wirken lassen, um stärkere Effekte zu erzielen.

11. Wasche die Ölreste anschließend mit ausreichend warmen Wasser ab und creme dich danach mit einer Lotion ein, die reich an Vitamin-E ist.
12. Lagere die Falsche mit dem Massageöl an einem kühlen, trockenen und dunklen Ort für bis zu drei Monate. Du kannst es so oft verwenden, wie du möchtest.

4.6. Anti-Cellulite-Öl aus Zimt und Sandelholz

Das benötigst du:

3 Esslöffel Mandel-, Oliven-, Aprikosen- oder Jojobaöl

7 Tropfen ätherisches Öl Sandelholz

3 Tropfen ätherisches Öl Kamille

3 Tropfen ätherisches Öl Nelke

Eine kleine, durchsichtige Flasche mit einem Deckel oder Verschluss

So bereitest du das Öl zu:

1. Besorge alle erforderlichen Öle und miss die notwendigen Mengen für dieses Rezept ab.
2. Mit Hilfe dieses Rezeptes erhältst du in etwa 30ml des Massageöls. Solltest du größere Mengen für einen längeren Anwendungszeitraum herstellen wollen, so kannst du die Mengenangaben der Zutaten entsprechend anpassen.
3. Gib das Hauptöl, wie zum Beispiel Mandelöl oder Olivenöl, in eine Schüssel.

Du kannst auch gern verschiedene Öle mischen, um eine effektivere Wirkung zu erhalten.

4. Füge dann das ätherische Zimtöl hinzu und verrühre es mit Hilfe eines Löffels mit dem Hauptöl.
5. Gib als nächstes die ätherischen Sandelholz-, Kamille- und Nelkenöle unter ständigem Rühren hinzu.
6. Gieße die fertige Ölmischung in eine saubere, durchsichtige Flasche mit einem Verschluss.
7. Verschließe die Flasche und schüttele sie einmal kräftig, um sicherzustellen, dass das Öl gut vermischt ist.
8. Verteile eine kleine Menge des Öls in der Region rund um deinen Bauch. Wiederhole diese Anwendung täglich etwa zwei bis fünf Minuten vor dem Duschen.
9. Zudem kannst du das Öl auch zwei bis drei Stunden einwirken lassen und so mit Hilfe des Zimts deinen Bauch straffen.
10. Lagere die Ölflasche bis zu drei Monate an einem kühlen, trockenen und dunklen

Platz und verwende es so oft, wie du möchtest.

4.7. Schlank machende Körperwickel mit Lavendel und Ton

Das benötigst du:

1 Tasse Wasser

3 Teelöffel Bentonit-Ton

1 Esslöffel Mandel-, Oliven- oder Jojobaöl

5-7 Tropfen ätherisches Öl Lavendel

1 Teelöffel Bittersalz

Material, das du um deinen Körper wickeln kannst wie zum Beispiel Frischhaltefolie, Verpackungsmaterial aus Papier oder ähnliches

So bereitest du die Körperwickel zu:

1. Lege dir alle erforderlichen Zutaten auf einer Arbeitsplatte zurecht und miss die notwendigen Mengen für die Wickel ab.

2. Die angegebenen Mengen reichen für eine Anwendung mit Körperwickeln auf deinem Bauch aus. Solltest du eine größere Fläche deines Körpers damit bedecken wollen, so musst du die Mengenangaben entsprechend anpassen.

3. Fülle das Pulver des Bentonit-Ton in eine große Schüssel.

4. Gieße langsam und unter ständigem Rühren eine Tasse Wasser darauf. Durch das Rühren können sich beide Materialien leichter miteinander verbinden.

5. Vermenge beides solange, bis du eine dicke, gleichmäßige Paste ohne Klumpen erhältst.

6. Gib nun das Mandel-, Oliven- oder Jojobaöl hinzu und anschließend auch das Lavendelöl.

7. Füge zum Schluss das Bittersalz hinzu und verrühre die Masse abschließend. Nun ist es an der Zeit für die Wickel.

8. Bevor du die Masse rund um deinen Bauch aufträgst, solltest du darauf Acht geben, dass deine Haut in diesem Bereich sauber und trocken ist.

9. Zusätzlich kannst du dich auch kurz duschen um sicherzustellen, dass deine Haut so sauber wie möglich ist. Das verhindert das Eindringen eventueller Giftstoffe oder Unreinheiten, die durch

den Wickel von deiner Haut in deine Poren gelangen können.

10. Verteile die Masse entweder mit deinen Fingern oder mit einem Pinsel rund um deinen Bauch.

11. Massiere die Maske etwa eine Minute lang in die Haut rund um deinen Bauch ein, bevor du mit dem Wickeln beginnst.

12. Sobald du damit fertig bist, wickle die Frischhaltefolie straff um deine Hüfte/Bauch. Für einen gut sitzenden Wickel sind zwei volle Runden Folie um deinen Bauch empfehlenswert.

13. Die Enden der Frischhaltefolie kannst du entweder mit einem Stück Klebeband oder Pflaster sichern, um ungewolltes Aufwickeln zu vermeiden. Achte darauf, dass der Wickel nicht zu straff sitzt, da du sonst Probleme beim Atmen oder Bewegen haben könntest.

14. Behalte den Körperwickel für mindestens zwei Stunden und bis maximal vier Stunden an, um maximale Resultate für einen flacheren Bauch zu erzielen.

15. Begib dich danach in die Dusche oder Badewanne, löse die Frischhaltefolie ab und wasche die Masse mit viel Wasser gründlich ab. Das war es schon!

16. Creme dich nach der Anwendung mit einer feuchtigkeitsspendenden Lotion ein, um die Haut nach der großartigen Einwirkung des Wickels zu versiegeln.

Die Effekte dieses Körperwickels sind bereits ab der ersten Anwendung sichtbar und du kannst ihn je nach Bedarf ein oder zwei Mal im Monat wiederholen um deinen Bauch zu straffen.

Schlusswort

Glückwunsch! Du bist nun mit allen Informationen für den Kampf gegen dein ungeliebtes Bauchfett gerüstet! Von Kräuter mixen über Hausmittel bis hin zur Ernährung hast du viele Möglichkeiten, um deinen Körper wieder in Form zu bringen. Stell dir selbst ein Programm aus den für dich besten Mitteln zusammen und freue dich darauf, bald dein neues Spiegelbild kennenzulernen. Denke aber daran, dass Du nur dann dauerhaft Bauchfett verlieren kannst, wenn Du auch in Zukunft anwendest, was Du in diesem Ratgeber gelernt hast. Wenn Du Dein Bauchfett los geworden bist und dann wieder anfängst, in alte Gewohnheiten zurückzufallen, wird auch Dein Bauchfett wieder zu Dir zurückkommen. Der Körper hat ein gutes Gedächtnis und wird sich sein Bauchfett zurückholen, wenn Du wieder anfängst, Fastfood zu essen und gesüßte Getränke zu Dir zu nehmen (um nur ein Beispiel zu nennen). Es ist wichtig, dass Du am Ball bleibst und Deinen Bauchspeck im Auge behältst. Mach nicht den Fehler, nach anfänglichen Erfolgen die Zügel schleifen zu lassen, das wird sich schnell rächen.

Wir wünschen Dir jedenfalls viel Erfolg und eine dauerhaft bessere, bauchspeckfreie Figur!

Bonus

Als Bonus ist hier noch ein kleiner Auszug aus dem **Bestseller „Stoffwechsel beschleunigen“** mit tollen Tipps, wie du deinen Stoffwechsel auf Trab bringst und dadurch schlank wirst:

Kapitel 3: 5 Anzeichen für einen verlangsamten Stoffwechsel

Was wirst du lernen?

- Wie du deinen Stoffwechsel beobachtest
- Anzeichen, die auf einen verlangsamten Stoffwechsel hindeuten und die du ernst nehmen solltest

Dein Ruhestoffwechsel hängt stark von deinem Alter, deiner Genetik, deinem Geschlecht und deiner Körpergröße ab. Sobald dein Stoffwechsel sich verlangsamt und dadurch aus dem natürlichen Gleichgewicht gerät, sendet dir dein Körper Zeichen, dass dieser Prozess beschleunigt werden sollte. Die folgenden Anzeichen sind dabei die häufigsten, weshalb du auf sie achten solltest:

1. Du fühlst dich nicht aktiv

Bist du den ganzen Tag niedergeschlagen, fehlt dir Kraft und Energie, bist fast die gesamte Zeit über dein Allgemeinzustand angeschlagen, so könnte dies eine direkte Folge von Entzündungen aufgrund von zu viel Fett in deinem Körper sein. Die Ursache kann bei einem zu hohen Kalorienkonsum oder fehlender Bewegung liegen. Forschungen haben ergeben, dass Personen, die häufig sitzen, an einem höheren Risiko für Herzkrankheiten leiden als jene, die einen aktiven Lebensstil verfolgen.

2. Deine Kleidung wird zu eng

Wenn dir deine sonst so bequeme Lieblingsjeans plötzlich nicht mehr passt, dann ist das ein untrügliches Zeichen dafür, dass Du zugenommen hast. Natürlich ist dein Stoffwechsel nicht der einzige Grund für die Gewichtszunahme, jedoch ist er essentiell, um dein Wunschgewicht zu erreichen und zu halten.

3. Du wirst zu schnell müde

Du machst nur kleine Übungen wie das Dehnen deiner Beine, Treppensteigen oder sogar nur im Stehen zu telefonieren und schon bist du außer Atem? Das liegt wahrscheinlich daran, dass deine Muskelfunktionen bei Gewichtszunahme an Kontrolle verlieren. Ja, das ist tatsächlich wahr! Bei zunehmendem Gewicht werden fast alle Funktionen unserer Muskeln beeinflusst. Laut dem Nationalen Gesundheitsinstitut nimmt die Atemkapazität der Muskelmasse mit steigendem Gewicht ab. Entsprechend kann ein angemessenes Muskeltraining und ein Anregen des Stoffwechsels die Aktivität deiner fettverbrennenden Enzyme steigern und dir so zu neuer Kraft und Energie verhelfen!

4. Deine Blutdruck- und Cholesterinwerte steigen an

Überschüssiges Fett kann, vor allem in der Bauchregion, zur Entstehung von Herzerkrankungen, Diabetes und erhöhten Cholesterinwerten beitragen. Deshalb musst du deinen Stoffwechsel anregen, um mehr Körperfett zu verbrennen. Bewegung ist dabei essentiell, denn schon an einem Tag mit richtigem Training und gesunder Ernährung kannst du zwischen 500 bis 600 Kalorien mehr verbrennen.

5. Du hast angefangen, nachts laut zu schnarchen

In den meisten Fällen erfolgt lautes Schnarchen aufgrund eines Zustands namens “obstruktive Schlafapnoe” – Atempausen oder oberflächliches Atmen während des Schlafes. Studien haben gezeigt, dass diese Apnoe während des Schlafens hauptsächlich durch Gewichtszunahme ausgelöst wird – was wiederum, wie wir nun wissen, mit einem langsamen Stoffwechsel zusammenhängt. Weiterhin haben Forschungen ergeben, dass Personen, die ihre Stoffwechselrate erhöht haben, ebenso deutliche Erfolge bei der Bekämpfung der Schlafapnoe verzeichneten.

Sollte dir eines dieser Anzeichen vertraut vorkommen, so kannst du stolz darauf sein, dass du dich nun mit voller Aufmerksamkeit möglichen Problemen in deinem Körper widmest. Schon die geringsten Veränderungen in deiner Stoffwechselrate können dir im Laufe der Zeit immense Vorteile für deine Gesundheit einbringen.

Wenn dich das Thema noch weiter interessiert, kannst du in dem Amazon Bestseller:„Stoffwechsel beschleunigen“:

Impressum

Impressum und Verlag: Marie Stern c/o Papyrus Autoren-Club, R.O.M. Logicware GmbH
Pettenkoferstr. 16-18, 10247 Berlin

Wichtiger Hinweis:

Die in diesem Buch enthaltenen Informationen dienen ausschließlich informativen Zwecken und dürfen unter keinen Umständen als Ersatz für eine professionelle Beratung oder Behandlung durch ausgebildete und anerkannte Ärzte angesehen werden. Diese beinhalten keinerlei Empfehlungen bezüglich bestimmter Diagnose- oder Therapieverfahren. Die Inhalte dürfen niemals als eine Aufforderung zur Selbstbehandlung oder als Grundlage für Selbstdiagnosen und -medikation verstanden werden. Die Informationen spiegeln lediglich die Meinung des Autors wieder. Der Autor übernimmt für die Art oder Richtigkeit der Inhalte keine Garantie, weder ausdrücklich noch impliziert.

Sollten Inhalte des Buches gegen geltendes Recht verstoßen, dann bittet der Autor um umgehende Benachrichtigung. Die betreffenden Inhalte werden dann umgehend entfernt oder geändert.

Haftung für Links

Das Buch enthält Links zu externen Webseiten Dritter, auf deren Inhalte wir keinen Einfluss haben. Deshalb können wir für diese fremden Inhalte keine Gewähr übernehmen. Für die Inhalte der verlinkten Seiten ist stets der jeweilige Anbieter oder Betreiber der Seiten verantwortlich. Die verlinkten Seiten wurden zum Zeitpunkt der Verlinkung auf mögliche Rechtsverstöße überprüft. Rechtswidrige Inhalte waren zum Zeitpunkt der Verlinkung nicht erkennbar. Eine permanente inhaltliche Kontrolle der verlinkten Seiten ist jedoch ohne konkrete Anhaltspunkte einer Rechtsverletzung nicht zumutbar. Bei Bekanntwerden von Rechtsverletzungen werden wir derartige Links umgehend entfernen.

23265648R00056

Printed in Poland
by Amazon Fulfillment
Poland Sp. z o.o., Wrocław